The Advisor

Der Mann
im
Schatten
sein

Wie man sich vor staatlicher
Überwachung und staatlichem Zugriff
schützen kann.

Ein Ratgeber.

Vorwort

Dieses Buch ist keine Aufforderung dazu, Gesetze zu brechen.

Es soll jedoch ein Ratgeber für all jene sein, die sich - aus welchen Gründen auch immer - jedweder staatlichen Überwachung und jedwedem staatlichen Zugriff entziehen wollen.

Hiermit sind nicht hauptsächlich virtuelle Aktivitäten (also online-Aktivitäten) gemeint, sondern Aktivitäten in der realen Welt, im wirklichen Leben, die vor staatlicher Aufmerksamkeit und staatlichem Zugriff bewahrt werden sollen.

Wie und für was Sie die hier dargestellten Maßnahmen auch immer nutzen, ist selbstverständlich Ihre Sache und Ihre Sache allein:
Sie sind schließlich ein erwachsener, mündiger und vor allem freier Bürger dieser Welt.

Es ist weder die Aufgabe noch die Intention des Verfassers, irgendwelche moralischen Urteile abzugeben – weder über Sie als Leser eines derartigen Ratgebers, Ihres Lebensweges oder Ihrer Motivationen, noch über die Methoden staatlicher Stellen wie Geheimdienste, Kriminalpolizei und Staatsanwaltschaft sprich der Gesamtheit der Sicherheitsbehörden, mit denen sich jeder Mensch heute konfrontiert sieht.

Seitdem es menschliche Gesellschaften gibt, gab es von jeher zwei Arten von Menschen:

Die Angepassten, die sich den ihnen durch andere vorgegebenen Regeln, Normen und Gesetze vorbehaltlos unterwerfen und sich somit an diese halten und **die Unangepassten**, die dies nicht tun und sich über Regeln, Normen und Gesetze hinwegsetzen.

Die Gründe dafür, warum man nun entweder zu der einen oder aber zu der anderen Gruppe gehört, sind ebenso mannigfaltig wie individuell.

Um es mit Worten der Bibel zu sagen:

"Ich bin, der ich bin." Exodus 3, 14

Seit jeher wurden durch die Mächtigen, die Obrigkeit Menschen eingesetzt, die Einhaltung der Regeln und Gesetze durch andere Menschen zu kontrollieren und - wenn nötig - auch gewaltsam durchzusetzen bzw. jene, die sich nicht daran halten, zu betrafen, um Angepasstheit zu erzwingen.

Die hierfür eingesetzten Instrumente und Methoden wurden im Verlauf der Jahrhunderte immer weiterentwickelt und verfeinert, was letztlich die modernen Sicherheits- und Strafverfolgungsbehörden hervorbrachte, wie wir sie heute kennen.

Es war schon immer ein ungleicher Kampf zwischen den angepassten

Dienern des Systems und jenen Unangepassten, die sich der herrschenden Ordnung nicht so einfach unterwerfen.

Die Systemerhalter haben seit jeher die gesamte Infrastruktur des Systems (sprich des Staates) auf ihrer Seite, ihre jeweiligen Herren machen die Gesetze und sie exekutieren diese - der Unangepasste steht jedoch allein gegen die Übermacht, bzw. kann sich lediglich auf die Unterstützung einer vergleichsweise kleinen Anzahl von Menschen stützen.

Der Apparat des Staates ist in Zeiten von Telefonüberwachung, DNA Technologie, international vernetzten Polizeidatenbanken, Vorratsdatenspeicherung, Überwachung des öffentlichen Raums durch Videoüberwachung, automatisierter Überwachung des Internets durch Geheimdienste, Standortdaten von Mobiltelefonen und dergleichen mehr sowie angesichts der abertausenden Menschen, die in jedem

Land der Erde in den Sicherheitsbehörden beschäftigt sind, **gewaltig.**

Der Einzelne, der sich - aus welchen Gründen auch immer - jedwedem staatlichem Einfluss und Zugriff entziehen will, hat nur zwei Elemente, um in diesem ungleichen Spiel gegen die Übermacht bestehen zu können:

seine Intelligenz und seinen unbändigen Willen, anders zu leben als die Anderen.

Die Lektüre dieses Ratgebers sorgt dafür, dass etwas mehr **Waffengleichheit** zwischen dem Staat und dem Unangepassten besteht, indem er die strategische und taktische Vorgehensweise der Strafverfolgungsbehörden detailliert offenlegt, Gegenstrategien erklärt, häufige Fehler auf Seiten des Unangepassten aufzeigt und vor diesen warnt und schließlich Schadensbegrenzungsstrategien darlegt für den Fall, dass der Unangepasste – aus welchen Gründen immer – in die Fänge der Behörden geraten ist.

Der Verfasser verfügt über intime Kenntnisse der gesamten Materie und spricht aus eigener Erfahrung – dies unterscheidet die in diesem Buch enthaltenen Ratschläge massiv z.B. von der Beratung durch einen Rechtsanwalt.

Der Rechtsanwalt ist lediglich ein Theoretiker, der nicht aus eigener Erfahrung weiß, wie es tatsächlich ist, vom Staat verfolgt zu werden - ganz im Gegensatz zum Verfasser.

Ich wünsche Ihnen eine lehrreiche und informative Lektüre!

The Advisor

Übersicht über die Kapitel dieses Ratgebers

1. Alter Ego
Namen sind Schall und Rauch

Die erste, unglaublich einfache und zugleich unglaublich effektive Maßnahme, die Sie setzen können, um sich vor staatlicher Überwachung und Verfolgung zu schützen, ist die, **sich hinter dem Nebel einer falschen Identität zu verbergen.**

Legen Sie sich für Ihre wie auch immer gearteten Aktivitäten ein **Alter Ego**, also ein "zweites Ich" zu.

Niemand, mit dem Sie im Rahmen Ihrer Aktivitäten (die Sie für sich behalten möchten) zu tun haben, **sollte Ihren richtigen Namen kennen** - Sie wählen sich einfach einen neuen, der Ihnen gefällt und stellen sich allen unter diesem Namen vor.

Wählen Sie einen vollkommen gewöhnlichen Allerweltsnamen wie

z.B. Michael Müller.

Es gibt hunderte real existierende Michael Müller, die selbstverständlich rein gar nichts mit Ihnen zu tun haben und in keinerlei Zusammenhang zu Ihren Aktivitäten stehen.

Sollte dieser Name den Behörden - auf welchem Wege auch immer - bekannt und in der Folge durch diese überprüft werden, so wird die **Verwirrung** unter Ihren Gegnern groß sein:

Sie werden zwar hunderte Michael Müller finden, jedoch keinen, auf den eine vielleicht vorhandene Beschreibung Ihres Michael Müller passt.

Egal ob Vorstrafendateien, Melderegister oder welche staatliche Datensammlung auch immer abgefragt werden: Niemals werden die Behörden einen Treffer landen, der zu Ihnen führt.

Nehmen Sie sich ein Beispiel an

allen Geheimdiensten der Welt:

Legen Sie sich - wie ein Geheimagent - eine falsche Identität zu!

Schon haben Sie die Arbeit Ihrer Gegner ungleich schwerer gemacht.

Wenn Sie im Rahmen Ihrer Aktivitäten auf Personen angewiesen sind, die Sie schon lange kennen und denen Ihre wahre Identität bereits bekannt ist, so steht Ihnen diese Möglichkeit nur noch begrenzt zur Verfügung.

Suchen Sie sich für Ihre Aktivitäten lieber neue Helfer, die Sie unter Ihrem falschen Namen kennenlernen.

Sollte das nicht möglich sein, halten Sie den Kreis derer, die Ihre wahre Identität kennen, möglichst gering.

Weisen Sie Ihre Freunde an, Sie im Beisein von Dritten ausschließlich mit Ihrem falschen Namen anzusprechen!

Ein Name ist nur Schall und Rauch - so lange die Behörden nur einen fiktiven Namen haben, haben und wissen Sie gar nichts.

Sollten die Behörden dann irgendwann einmal zu dem fiktiven Namen ein Gesicht haben, so können sie Sie immer noch nicht identifizieren - Sie kennen ja die Fahndungsaufrufe der Polizei in den Medien: "Die Polizei ersucht die Bevölkerung um Mithilfe bei der Identifizierung dieses Mannes, der durch die Überwachungskamera gefilmt wurde..."

Es ist nicht so leicht, einen Menschen nur anhand seines Gesichts zu identifizieren.

Vor allem nicht, wenn der Betreffende sich das nächste Kapitel zu Herzen nimmt!

2. Social Media

Die sogenannten "sozialen Netzwerke" oder "Social Media" sind eine wahre Goldgrube für alle staatlichen Sicherheitsbehörden dieses Planeten und werden aus diesem Grunde auch **flächendeckend durch staatliche Stellen überwacht.**

Auf Facebook und Co. identifiziert sich der Nutzer nicht nur freiwillig selbst (inkl. Fotos), sondern betreibt einen wahren Persönlichkeits-Striptease:

- Fotos aus den sozialen Netzwerken dienen den Sicherheitsbehörden als Material für sämtliche Gesichtserkennungsprogramme und werden ständig automatisiert gescannt und in staatliche Datenbanken eingelesen.

- Selbst wenn Sie Ihren Account unter falschem Namen anmelden, können Sie Ihre Facebook-

"Freunde" mit Ihrem Klarnamen identifizieren (Frage von Facebook: "Wer ist auf diesem Foto zu sehen?")

- Alle Gerätekennnummern (IMEI) der elektronischen Geräte (Computer, Laptop, Tablet, Smartphone, usw.) mit denen Sie in den Sozialen Medien online gehen, werden Ihnen zugeordnet und gespeichert. Die staatlichen Behörden haben Zugriff auf diese Daten und können Sie so lückenlos überwachen.

- Ihr gesamtes Netzwerk an Freundschaften und Bekanntschaften wird gespeichert. Ihr soziales Leben ist also ein offenes Buch für den Staat.

- Alles was Sie "liken" und schreiben, wird gespeichert und kann in der Folge automatisiert ausgewertet werden - auch durch den Staat. Somit erhält dieser ein umfangreiches Persönlichkeitsprofil von Ihnen: politische Ansichten, sexuelle Vorlieben, Konsumverhalten, etc.

- Werden diese Daten noch mit den Daten der Personen abgeglichen, mit denen Sie in dem jeweiligen sozialen Netzwerk verbunden sind, so erhält der Staat noch mehr Informationen und vervollständigt damit Ihr Persönlichkeitsprofil.

Jeder Mensch, der für staatliche Behörden im Dunklen bleiben will und somit ungestört und vor allem frei von staatlicher Beobachtung seinen Aktivitäten nachgehen will, muss sich somit von sozialen Medien hüten wie der Teufel vor dem Weihwasser!

Beherzigen Sie diesen Ratschlag!

3. My home is my castle

Jeder kennt dieses Sprichwort und auch der Unangepasste hat ein Heim, in dem er - u.U. sogar mit anderen (Partner, Familie, Mitbewohner) - lebt.

Eines der effektivsten Instrumente der Strafverfolgungsbehörden ist bis zum heutigen Tage der **Hausdurchsuchungsbefehl.**

Wenn die Ermittlungsbehörden genug Indizien gegen einen Verdächtigen zusammengetragen haben, um einen richterlichen
Hausdurchsuchungsbefehl
beantragen und diesen auch genehmigt zu bekommen, **so wird dieser immer und ohne Ausnahme auch beantragt**, um allfällige Beweise gegen den Verdächtigen sicherzustellen.

Unverständlicherweise führen Hausdurchsuchungen für die Ermittlungsbehörden sehr häufig zum

Erfolg und der Tatverdacht gegen den Verdächtigen kann durch sichergestellte Beweismittel erhärtet werden.

Es ist dem Verfasser ein absolutes Rätsel, warum ansonsten sehr planvolle und intelligente Menschen den Fehler begehen, Beweismittel zu horten, die gegen sie verwendet werden können - und das in ihren eigenen vier Wänden.

Dümmer kann man wirklich nicht sein.

Beherzigen Sie daher das gute, alte Sprichwort "Scheiß nicht da, wo du isst!" und beachten Sie tunlichst folgende Punkte:

1. Bargeld

Falls Sie über nicht deklariertes Bargeld verfügen, so lagern Sie dieses NIEMALS in Ihrem Zuhause!

Egal für wie gut Sie ein Versteck (vergraben im Garten, eingemauert, in der Tiefkühltruhe, im Wasserkasten der Toilette und dergleichen mehr) in Ihrem Heim auch halten:

Es ist niemals 100%ig vor Entdeckung durch staatliche Stellen sicher!

Merke: Die Ermittlungsbehörden verfügen über Geldspürhunde, die auf den charakteristischen Geruch von Bargeld abgerichtet sind, der Hund kann das Geld sogar in eingemauertem Zustand riechen!

Findet man bei Ihnen Bargeld, dessen Herkunft Sie nicht schlüssig erklären können, so sitzen Sie schon so gut wie im Gefängnis!

Gegenstrategien:

A) Schatzmeister

Lagern Sie Ihr Bargeld bei einer

absolut vertrauenswürdigen Person, die in keinerlei Zusammenhang mit Ihren Aktivitäten steht und auch sonst keinerlei illegale oder in für den Staat anderweitig auffällige Aktivitäten verwickelt ist!

Verwandte sind in diesem Zusammenhang ungeeignet, da der Staat Ihre Verwandtschaftsverhältnisse in der Regel kennt und somit auf der Suche nach Geld auch bei diesen Nachschau halten kann.

Geeignete Personen sind alte Schulfreunde, entfernte Bekannte und ähnliches. Noch besser geeignet sind Rechtsanwälte, da deren Räumlichkeiten durch das Gesetz besonders geschützt sind.

Sie sollten den Kontakt mit Ihrem "Schatzmeister" jedoch auf ein **absolutes Minimum** beschränken, **niemals telefonisch Kontakt mit ihm aufnehmen** (wird alles registriert) und wenn Sie Ihren Schatzmeister aufsuchen **niemals Ihr Mobiltelefon mitführen** (Bewegungsprofile können durch die Behörden ausgewertet werden).

Sie können Ihren Schatzmeister z.B. auch eine Garage auf seinen Namen anmieten lassen und nehmen ihm anschließend die Schlüssel ab - so sind Sie nicht erpressbar.

Wenn Sie Ihren Schatzmeister aufsuchen, so bewegen Sie sich nach Möglichkeit niemals in Ihrem eigenen Fahrzeug dorthin - Sie könnten observiert werden und würden es nicht merken (siehe auch Kapitel **Sicher durch die Welt**).

Benutzen Sie stattdessen öffentliche Verkehrsmittel (Bus, Bahn, U-Bahn, Taxi), unterbrechen Sie mehrmals auf dem Weg die Fahrt, wechseln die Linie udgl. (siehe Kapitel **Sicher durch die Welt**); gehen Sie über verschlungene Wege zu Fuß oder fahren Sie mit dem Fahrrad, joggen Sie in voller Sportkleidung dorthin.

Derart sind Sie wesentlich schwieriger zu observieren.

Sollte sich der Einsatz eines KFZ nicht vermeiden lassen, so leihen Sie sich eines (Mietwagen, Wagen von entfernten Bekannten).

Niemals mehrfach das gleiche Fahrzeug benutzen!

B) Bunker

Verbunkern Sie Ihr Geld.

Geeignete Orte hierfür finden sich vor allem in der **freien Natur** (Wälder, einsame Orte), wo Sie Ihr Geld ordentlich in Plastikfolie verpackt **vergraben oder verstecken** (hohle Bäume, unter Steinen, usw.) können.

Verteilen Sie Ihr Geld stets auf mehrere Bunker, es könnte entdeckt und gestohlen werden - Sie sollten pro Bunker daher immer nur Beträge aufbewahren, deren Verlust verkraftbar wäre.

Wenn Sie Ihren Bunker aufsuchen, so tun Sie dies immer subversiv wie unter Strategie „Schatzmeister" beschrieben.

Vergewissern Sie sich stets, dass Sie alleine sind und Sie niemand beobachtet - nehmen Sie sich Zeit!

VERGRABEN SIE NIEMALS GELD IM EIGENEN GARTEN ODER IM GARTEN IHRER MUTTER! DIE GEGENSEITE IST NICHT DUMM!

Wenn Sie Geld - aus welchen Gründen immer - im städtischen Bereich verbunkern müssen, eignen sich verlassene Gebäude (jedoch Gefahr durch Obdachlose, die dort übernachten), Parkanlagen (jedoch Gefahr durch städtische Gärtner und Hunde inkl. Besitzer), Industriebrachen und ähnliches.

Wenn irgendwie möglich, sollten Bunker in der freien Natur immer bevorzugt werden!

Für alles, was verbunkert wird gilt:

Hinterlassen Sie niemals Ihre Fingerabdrücke oder DNA auf den verbunkerten Gegenständen, berühren Sie diese stets nur mit Einweglatexhandschuhen (Baumarkt)!

Sollte der Gegner einen Bunker ausheben, so kann nicht zweifelsfrei bewiesen werden, dass der Inhalt Ihnen gehört!

C) Bankschließfach

Wie bei der Gegenstrategie „**Schatzmeister**" benötigen Sie hierfür eine **Vertrauensperson**, die das Bankschließfach auf Ihren Namen anmietet und befüllt bzw. Abholungen vornimmt.

Das Bankschließfach bietet ein Höchstmaß an Sicherheit vor Diebstahl und Einbruch - **Sie dürfen jedoch**

niemals persönlich in der betreffenden Bank erscheinen!

Ihre Vertrauensperson muss eine vollständig weiße Weste haben und darf in nichts ungesetzliches verwickelt sein!

Als Vertrauensperson ungeeignet sind Ihnen nachvollziehbar nahestehende Personen wie Ihr Partner, Verwandte udgl. - von solchen Personen angemietete Bankschließfächer werden durch die Behörden in der Regel gefunden.

Wenn möglich, nutzen Sie Banken im Ausland!

D) Strohmann-Konto

Lassen Sie durch eine Vertrauensperson ein Konto eröffnen, auf das das Geld **in kleinen Tranchen** in bar eingezahlt wird.

Auch hier gilt: Ihre Vertrauensperson

muss eine vollständig weiße Weste haben und darf in nichts ungesetzliches verwickelt sein und sollte in keinerlei nachvollziehbarem Zusammenhang mit Ihnen stehen!

Vorteil dieser Lösung ist, dass Sie **jederzeitigen Zugriff auf Ihr Geld** haben (Bankomatkarte), ohne Bargeld mit sich herumtragen zu müssen.

Lagern Sie allfällige Bankkarten und Kontounterlagen niemals bei sich Zuhause! Eine Plastikkarte ist leicht zu verstecken - Ihnen fällt da schon was ein.

Benutzen Sie hierfür Banken im Ausland - am besten in Ländern mit ausgeprägtem Bankgeheimnis!

2. Waffen im Haus

Sollten Sie der glückliche Besitzer einer Waffenbesitzkarte sein, so lagern Sie Ihre Schusswaffen selbstverständlich Zuhause - es ist ja schließlich Ihr gutes

Recht!

Wenn Sie jedoch nicht im Besitz einer amtlichen Bewilligung zum Besitz von Schusswaffen sind, so lagern Sie niemals Schusswaffen in Ihrem Heim!!!

Illegaler Waffenbesitz ist ein ernster Tatvorwurf, wird durch den Gesetzgeber mit hohen Strafandrohungen belegt und bringt Sie schon allein in den Knast.

Tun Sie Ihrem Gegner diesen Gefallen keinesfalls!

Gegenstrategien:

Sollten Sie - aus welchen Gründen auch immer - um Ihre Sicherheit besorgt sein, **so stehen Ihnen eine Vielzahl von legalen Alternativen zu Schusswaffen zur Verfügung:**
Gaspistolen (frei ab 18 Jahren), Baseballschläger (Sportgerät), Hockeyschläger, Reizgas (frei ab 18

Jahren), Elektroschocker (frei ab 18 Jahren), Äxte und Beile (Werkzeug), Wurfsterne, Schlagstöcke, Messer, Küchenmesser, Küchenbeile und dergleichen mehr.

Der beste Schutz ist jedoch zweifelsohne ein gut gesichertes Heim: Kaufen Sie massive Türen, vergittern Sie Ihre Fenster, installieren Sie eine Alarmanlage.

Sollte dann irgendjemand vor Ihrem Heim auftauchen und Ärger machen, tun Sie das, was jeder Bürger tun würde: **Rufen Sie einfach die Polizei!**

Wenn Sie dennoch das Gefühl haben, eine Schusswaffe zu brauchen, **werden Sie Mitglied in einem örtlichen Schützenverein oder Sport-schiessclub und beantragen Sie ordentlich eine Waffenbesitzkarte** bei der zuständigen Behörde.

Wenn Sie nicht vorbestraft sind, wird Ihnen diese in der Regel erteilt.

Sollten Sie jedoch vorbestraft sein oder Ihnen die zuständige Behörde die Erteilung einer Waffenbesitzkarte aus anderen Gründen verweigern, suchen Sie sich einen Bodyguard, der über eine entsprechende Berechtigung verfügt.

3. Gesetzlich verbotene Gegenstände und Waren

Sollten Sie - aus welchen Gründen auch immer - gesetzlich verbotene Gegenstände oder Waren, wie z.B. Drogen oder ähnliches Ihr eigen nennen, **so lagern Sie diese niemals Zuhause.**

Sollte die Gegenseite eines Tages an Ihre Tür klopfen (oder diese gleich eintreten), so hätten Sie andernfalls ein großes Problem.

Lagern Sie derartige Gegenstände stets in einem Bunker oder in einem Lager (z.B. Garage und ähnliches), das von einer Vertrauensperson für

Sie angemietet wird.

Auch hier gilt wieder: Ihre Vertrauensperson muss eine vollständig weiße Weste haben und darf in nichts ungesetzliches verwickelt sein und sollte in keinerlei nachvollziehbarem Zusammenhang zu Ihnen stehen!

Sollten Sie persönlich Drogen konsumieren (was Ihre Privatangelegenheit ist) und diese daher in Ihrem Heim haben, sorgen Sie dafür, **dass sich stets nur kleine Mengen im Haus** befinden, die immer nur **zentral an einem Ort gelagert werden** (nicht etwas im Nachtkasten, etwas mehr im Wohnzimmerschrank und noch etwas im Kühlschrank), damit Sie diese im Fall des Falles sofort in Ihrer Toilette entsorgen können.

4. Schriftliche Aufzeichnungen im Haus

Fertigen Sie - wenn möglich -

niemals schriftliche Aufzeichnungen im Zusammenhang mit Ihren Aktivitäten an!

Sollte sich dies jedoch nicht vermeiden lassen, weil Sie zum Beispiel Aufzeichnungen darüber benötigen, wer Ihnen welche Summe schuldet, so lagern Sie diese niemals und unter keinen Umständen in Ihrem Heim.

Auch hier gilt wieder: **Verbunkern Sie diese oder bewahren Sie diese in einem Lager oder bei Ihrem Rechtsanwalt auf.**

Lagern Sie niemals Aufzeichnungen gemeinsam mit anderen Dingen, die verborgen bleiben sollen!

5. Computer und Internet

Benutzen Sie für Ihre Aktivitäten niemals Ihren Computer im Haus oder gar Ihren heimischen Internetzugang!

(Siehe hierzu detaillierte Ratschläge im Kapitel „**Elektronische Kommunikation**"!)

6. Telefone und Mobiltelefone

Benutzen Sie für Ihre Aktivitäten niemals Zuhause Telefone und Mobiltelefone und lagern Sie auch dort keine Mobiltelefone, die Sie für Ihre Aktivitäten benutzen!

(Siehe hierzu detaillierte Ratschläge im Kapitel „**Elektronische Kommunikation**"!)

7. Besprechungen Zuhause

Ein absolutes "**No go**"!

Treffen Sie sich niemals mit anderen Personen, die mit Ihren Aktivitäten in Verbindung stehen, bei sich Zuhause!

Diese Personen sollten im Idealfall noch nicht einmal wissen, wo Sie

wohnen!

Ihr Haus kann überwacht werden, Ihre Besucher können fotografiert werden!

Trennen Sie Ihre Aktivitäten strikt von Ihrem "normalen Leben"!

(Siehe auch Kapitel „**Vertrauliche Zusammenkünfte**"!)

Wenn Sie die vorab geschilderten Ratschläge konsequent und diszipliniert befolgen, so ist eine allfällige Hausdurchsuchung zwar unangenehm, aber juristisch gesehen nicht wirklich dramatisch:

Ihr Gegner wird nichts finden, was ihm von Nutzen ist!

4. Elektronische Kommunikation
(und sonstige Kommunikation über große Distanzen)

Der größte Freund der Sicherheitsbehörden ist heutzutage die moderne Kommunikations-Technologie - daraus folgt logischerweise, dass diese Technologie der größte Feind all jener ist, die im Verborgenen bleiben wollen.

Der Staat kann sämtliche elektronische Kommunikation nahezu lückenlos überwachen - vermeiden Sie daher möglichst jede Benutzung von Mobiltelefonen, Internet, eMails und dergleichen!

Klären Sie alles notwendige lieber im persönlichen Gespräch (nur unter 4 Augen!) - treffen Sie sich stets an wechselnden Orten, um der Gefahr einer Abhörung zu entgehen.

Schreiben Sie Ihrem Gesprächspartner

besonders sensible Gesprächsinhalte auf Papier, lassen ihn den Text ablesen und vernichten (verbrennen!) Sie das Papier sofort anschließend.

Derart kann das Gesagte niemals mitgeschnitten werden.

(Weitergehende Ratschläge siehe Kapitel **„Vertrauliche Zusammenkünfte"**!)

Wenn Sie aus praktischen Gesichtspunkten mit anderen Personen auf elektronischem Wege kommunizieren müssen, so beachten Sie tunlichst folgende Punkte:

1. Verwenden Sie für Anrufe ausschließlich öffentliche Telefone oder **anonyme Wertkartentelefone!**

2. Lagern Sie die entsprechenden Wertkartentelefone **niemals Zuhause** oder benutzen diese gar dort. Man kann mittels eines Mobilfunkscanners

sehr leicht alle in Ihrem Haus befindlichen Mobiltelefone identifizieren!

3. **Wechseln Sie die SIM-Karten** dieser Telefone regelmäßig aus (je öfter Sie wechseln, umso mehr erhöht sich Ihre Sicherheit)

4. Sie müssen bei jedem SIM-Karten-Wechsel ebenso das verwendete Mobiltelefon wechseln, da man das Gerät über seine individuelle IMEI Gerätenummer in Telekomunikations-Netzwerken problemlos verfolgen kann!

5. **Vermeiden Sie** - sofern möglich - jedwede Kommunikation mit Ihren Vertrauenspersonen über **eMail** - der Staat, die NSA und weiß Gott wer noch liest mit und wertet ferner die Metadaten aus, um herauszufinden, wer wann mit wem kommuniziert und zieht daraus seine Schlüsse! Privatsphäre sieht anders aus!

6. Wenn sich eMail-Kommunikation nicht vermeiden lässt, **kommunizieren**

Sie ausschließlich mittels fremder Computer (Hotel, Internetcafé, udgl.) und unter ständigem Wechsel der eMail Adressen!

7. **Verwenden Sie ausschließlich Webmail-Anbieter** und wechseln diese - wie die eMail-Adressen - ständig!

8. **Verwenden Sie stets Proxy Server bzw. TOR** (Weitergehende Informationen finden Sie im Internet!)

Aber Vorsicht: Auch dies bietet keine 100%ige Sicherheit. Das FBI z.B. konnte schon Personen ausfindig machen, die Ihre Identität durch Einsatz von TOR zu verschleiern versuchten!

9. **Vermeiden Sie Kommunikation über WhatsApp und Co.** Die Behauptung, dass diese Messenger-Kommunikation nicht abgehört werden kann, ist unwahr - sie kann sehr wohl abgehört werden.

10. Wenn Sie über **hochsensible**

Themen über weite Strecken kommunizieren müssen, verwenden Sie Briefe auf Papier, die Sie Ihrem Gesprächspartner unter falschem Namen (sowohl Absender als auch Empfänger) an unverfängliche Adressen (z.B. Lokale, in denen Ihr Gesprächspartner nur unter seinem falschen Namen bekannt ist; ebensolche Hotels, etc.) senden.

11. Lassen Sie von einem **Mittelsmann** ein **Postfach** auf seinen Namen anmieten und weisen Sie Ihre/n Gesprächspartner an, das gleiche zu tun. Wechseln Sie die Postfächer ständig.

12. Verwenden Sie - sollte Ihr Gesprächspartner sich in räumlicher Nähe befinden - für die verdeckte Kommunikation **Tote Briefkästen**, d.h. vereinbaren Sie mit Ihrem Gesprächspartner die Hinterlegung von Gegenständen und Mitteilungen an bestimmten öffentlich zugänglichen Orten, die zu bestimmten vorab vereinbarten Zeiten (z.B. immer

dienstags) mit einem ebenso zuvor vereinbarten Zeichen markiert werden, wenn etwas abzuholen ist.

13. Nennen Sie in Ihrer Kommunikation niemals Namen. Behelfen Sie sich mit Umschreibungen (z.B. "der Dicke" udgl.).

5. Sicher durch die Welt
Vermeidung von Observation

Wenn Sie sich mit einer Kontaktperson persönlich treffen müssen, beachten Sie stets folgende Punkte:

1. **Begeben Sie sich niemals in Ihrem eigenen Fahrzeug zum Treffpunkt.**

Professionelle Observationsteams verfolgen ihre Zielperson mit mehreren Fahrzeugen, die sich abwechseln. Es ist nahezu unmöglich, eine derartige Observation zu erkennen.

2. Weisen Sie Ihre Kontaktperson an, ebenso **nicht mit dem eigenen Fahrzeug anzureisen.**

3. Nutzen Sie stattdessen **öffentliche Verkehrsmittel**, die Sie auf dem Weg mehrmals wechseln. Achten Sie dabei ständig auf Mitreisende, die die gleiche Route nehmen wie Sie. Sollten Sie - nachdem Sie mehrfach die Linie gewechselt haben - immer noch

bekannte Gesichter entdecken, werden Sie observiert!

4. **Kombinieren Sie verschiedene Verkehrsmittel miteinander** (z.B. von Punkt A nach Punkt B mit dem Bus, ein Stück zu Fuß gehen, von Punkt B zu Punkt C in der U-Bahn, von Punkt C zu Punkt D im Taxi, von Punkt D zum Endziel wieder zu Fuß). Wenn Sie aufmerksam sind, ist es **extrem schwierig**, Sie unentdeckt zu observieren.

5. **Wechseln Sie mehrmals die Fahrtrichtung!** (U-Bahn Linie A in die eine Richtung, dann direkt in U-Bahn Linie B in die entgegengesetzte Richtung wechseln. Auf bekannte Gesichter achten - wenn jemand Ihre Wechsel ebenso mitvollzieht, werden Sie observiert.)

6. **Wechseln Sie** auf Strecken, die Sie zu Fuß zurücklegen, ebenso **abrupt die Marschrichtung**. Achten Sie - wie stets - auf bekannte Gesichter.

7. Wenn Sie merken, dass Sie observiert werden, brechen Sie die versuchte Kontaktaufnahme sofort ab.

6. Vertrauliche Zusammenkünfte

Wenn Sie mit einer Kontaktperson **persönlich zusammentreffen** müssen, um etwas Vertrauliches zu besprechen, beachten Sie stets folgende Punkte:

1. Treffen Sie sich niemals an Orten, die in einem **persönlichen Kontext** zu Ihnen oder Ihrer Kontaktperson stehen (z.B. Ihr eigenes Heim, Ihre Stammkneipe).

2. Immer **neutrale Orte** wählen, wo man weder Sie noch Ihre Kontaktperson kennt!

3. **Treffen Sie sich niemals zweimal an dem selben Ort** (Gefahr der Abhörung)! Gilt auch für Treffen mit anderen Kontaktpersonen!

4. Wenn Sie eine Zusammenkunft **telefonisch vereinbaren müssen**, benutzen Sie ein öffentliches Telefon

(niemals mehrmals das selbe) oder ein anonymes Wertkartenhandy, telefonieren Sie (wenn Sie ein Mobiltelefon verwenden) von einem belebten Ort aus (z.B. Bahnhof) und nennen Sie im Gespräch niemals Namen und Orte, sondern umschreiben Sie Ihrem Gesprächspartner den Sachverhalt derart, dass für einen Außenstehenden (der Sie unter Umständen abhört) verborgen bleibt, was der Inhalt bedeutet.

(Beispiel: "Wir treffen uns morgen um 15:00 in der Bar mit den grünen Vorhängen/ mit dem Garten/ mit der blonden Kellnerin. Bring den Dicken/ Türken/ Biker mit.")

5. Vereinbaren Sie mit Ihrem Gesprächspartner im Vorfeld **persönliche Codes** zur Kommunikation (z.B. "Zeitangaben die ich am Telefon mache, sind immer *Zeit Minus 1,5 Stunden* zu verstehen." d.h. gesagt am Telefon "15:00 Uhr" = minus 1,5 Std. = tatsächliche Zeit 13:30.), um allfällige Observationsmaßnahmen zu

erschweren.

6. Begeben Sie sich niemals auf direktem Wege zum Treffpunkt, sondern gehen Sie wie unter Kapitel **„Sicher durch die Welt / Vermeidung von Observation"** vor.

7. Nehmen Sie niemals Ihr Mobiltelefon zu einem Treffen mit (Standort kann angepeilt werden). Auch nicht in ausgeschaltetem Zustand (Akku muss entfernt werden)!

8. Fordern Sie auch Ihre Kontaktperson auf, **kein Mobiltelefon** mitzuführen.

9. Sprechen Sie niemals in Hörweite Dritter.

10. Bevorzugen Sie stark frequentierte Treffpunkte mit starker Lärmkulisse - diese Vorgehensweise erschwert allfällige Abhörmaßnahmen.

11. Vermeiden Sie Sitzplätze in Fensternähe, die direkten Blickkontakt auf die Straße zulassen, um nicht mit

Ihrer Kontaktperson fotografiert zu werden.

12. **Reduzieren Sie alle Kontakte** mit Personen, die mit Ihren Aktivitäten in Zusammenhang stehen, abseits der eigentlichen Aktivität **auf ein absolutes Minimum**.

7. In der Höhle des Löwen

Sollten Sie - aus welchen Gründen auch immer - jemals festgenommen oder in Untersuchungshaft genommen werden, so beachten Sie unbedingt die folgenden Punkte:

1. Egal, was man Ihnen vorwirft: **Machen Sie** bei der Polizei **keinerlei Angaben**, sondern machen Sie von Ihrem Zeugnisverweigerungsrecht Gebrauch.

2. **Verlangen Sie sofort nach einem Rechtsanwalt. Das ist Ihr gutes Recht.**

3. **Lassen Sie sich unter keinen Umständen dazu hinreißen, ein wie auch immer geartetes Geständnis abzulegen!** Die Kriminalpolizei behauptet in Einvernahmen bzw. Beschuldigtenvernehmungen stets, dass sich ein Geständnis günstig auf eine allfällige Strafbemessung durch

das Gericht auswirken würde. **Das ist eine Irreführung, um Sie in die Falle zu locken.**

4. Ein Geständnis wird in die Urteilsfindung des Gerichts einbezogen, **selbst wenn Sie das Geständnis zu einem späteren Zeitpunkt widerrufen haben.** Zahlreiche Angeklagte wurden bereits aufgrund von Angaben, die in einem widerrufenen Geständnis gemacht wurden, schuldig gesprochen.

5. Ihr Rechtsanwalt hat das gesetzlich verbriefte Recht, in Ihrem Namen **den Ermittlungsakt einzusehen.** Ohne Kenntnis dieses Ermittlungsaktes sollten Sie **keinesfalls eine wie auch immer geartete Aussage machen.**

6. **Lassen Sie sich durch keine wie auch immer geartete Drohung seitens der Behörden einschüchtern** ("Wenn Sie nicht aussagen, werden wir Ihre Frau verhaften!" / "Wenn Sie nicht aussagen, kommen Sie in Untersuchungshaft!" und dergleichen)!

Die Behörden werden alles unternehmen, was Sie von Gesetzes wegen können. **Durch unüberlegte Aussagen können Sie Ihre Situation nur verschlimmern, nie verbessern.**

7. Wenn Sie etwas aussagen wollen, so können Sie dies immer noch zu einem **späteren Zeitpunkt** tun - spätestens vor Gericht im Rahmen einer allfälligen Hauptverhandlung.

Sollte - aus welchen Gründen auch immer - Untersuchungshaft über Sie verhängt werden, so beachten Sie stets folgende Punkte:

1. **Vertrauen Sie keinesfalls anderen Inhaftierten.** Die Behörden verfügen über zahlreiche Informanten in den Justizvollzugsanstalten, die auf Hafterleichterungen durch die Behörden hoffen, wenn sie Informationen weiter-geben. Schon mancher Beschuldigter hat sich in einer Zelle um Kopf und Kragen geredet.

2. Sorgen Sie schnellstmöglich dafür, dass Sie einem Psychiater vorgeführt werden, da Sie psychische Probleme haben. Die Ihnen verschriebenen Medikamente stellen eine **begehrte Währung** im Gefängnis dar.

3. Sollten Vertrauenspersonen von Ihnen ebenso festgenommen worden sein, so versuchen Sie über andere Inhaftierte von anderen Ebenen des Gefängnisses (die Sie z.B. beim Arzt, Zahnarzt, Psychiater, beim Einkaufen usw. treffen können) herauszufinden, wo Ihre Vertrauenspersonen inhaftiert sind, um in der Folge mit Ihnen in Kontakt treten zu können. Ausländische Gruppen von Insassen sind meist über Stockwerke und Zellentrakte hinweg sehr gut vernetzt und können Nachrichten weiterleiten. Sprechen Sie beim Hofgang mit möglichst vielen anderen Insassen.

4. Stellen Sie über Ihren Rechtsanwalt schnellstmöglich Kontakt zu einer Vertrauensperson (z.B. ein Angehöriger) außerhalb der

Justizanstalt her und veranlassen Sie diese, dafür zu sorgen, dass Sie Geld zur Verfügung haben, um einkaufen gehen zu können.

5. Auch wenn Sie Nichtraucher sind: Kaufen Sie Tabak - ebenso eine begehrte Währung in Gefängnissen, die Sie gegen alles Mögliche eintauschen können.

6. **Behalten Sie die Nerven!** Die Untersuchungshaft ist dazu gedacht, Sie maximal einzuschüchtern. Atmen Sie tief durch - das hat ein Ende. Früher oder später.

8. Nachwort

Es handelt sich bei dem gegenständlichen Buch um eine Zusammenstellung reiner literarischer Gedankenspiele.

Der Verfasser fordert ausdrücklich niemanden in irgendeiner Weise dazu auf, die jeweiligen Gesetze seines Landes zu brechen. Ferner stellen die in diesem Buch getätigten Aussagen ausdrücklich keinerlei Handlungsanweisung in welcher Form auch immer dar.

Was der jeweilige Leser für eine Erkenntnis aus der Lektüre dieses Buches zieht, entzieht sich dem Einfluss und der Verantwortung des Verfassers und **obliegt ausschließlich der Verantwortlichkeit des jeweiligen Lesers.**

Der Verfasser übernimmt keinerlei Gewähr für die Richtigkeit oder Vollständigkeit der in diesem Buch gemachten Aussagen und weist den Leser ausdrücklich darauf hin, dass dieser als volljähriger und mündiger Bürger **ausschließlich allein für seine Handlungen verantwortlich ist.**

Ferner stellen die in diesem Werk getätigten Aussagen keinerlei juristische Auskunft oder Beratung in welcher Form auch immer dar.

Ebenso in dieser Buchreihe erschienen:

The Advisor:

"Wie Dein Homegrow sicher bleibt."

Auf Amazon erhältlich.

Raum für Notizen:

Raum für Notizen:

www.ingramcontent.com/pod-product-compliance
Lightning Source LLC
Chambersburg PA
CBHW071001180526
45168CB00003B/1243